Gato mimoso

Roque Iñíguez
ilustrado por Fabiola Graullera

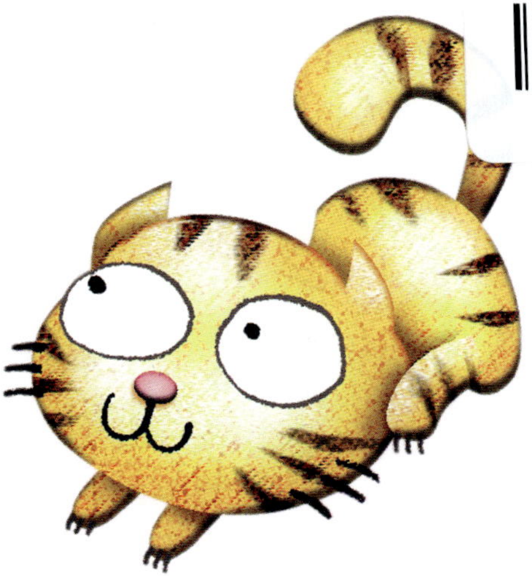

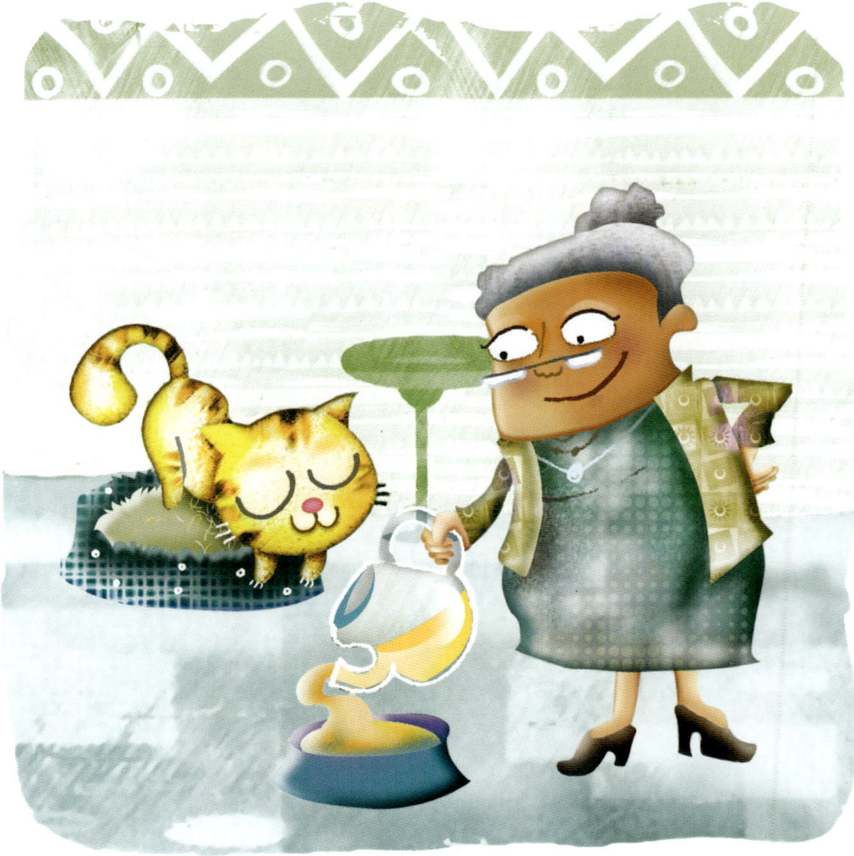

No le gusta el jugo al gato.

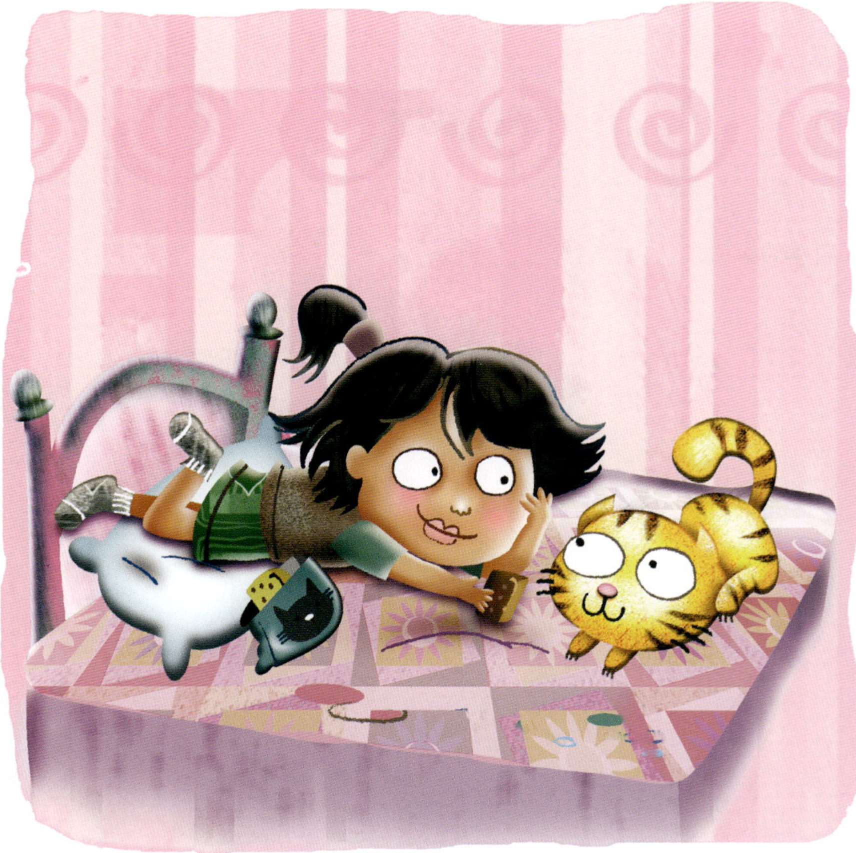

¿Quién le da una golosina?

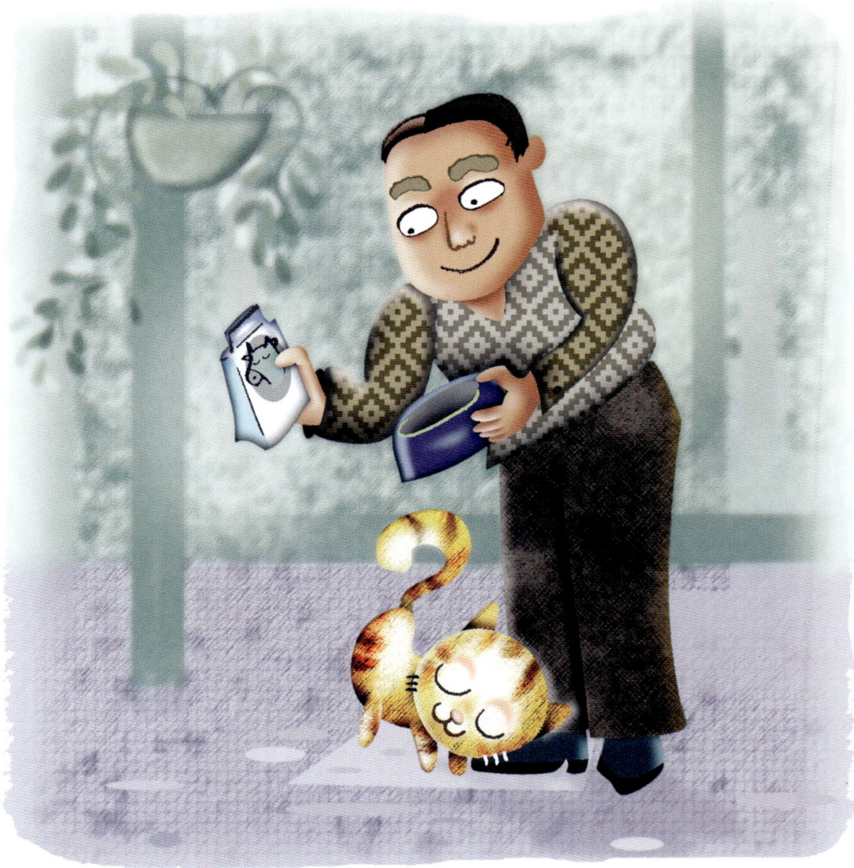

¿Quién le da leche?

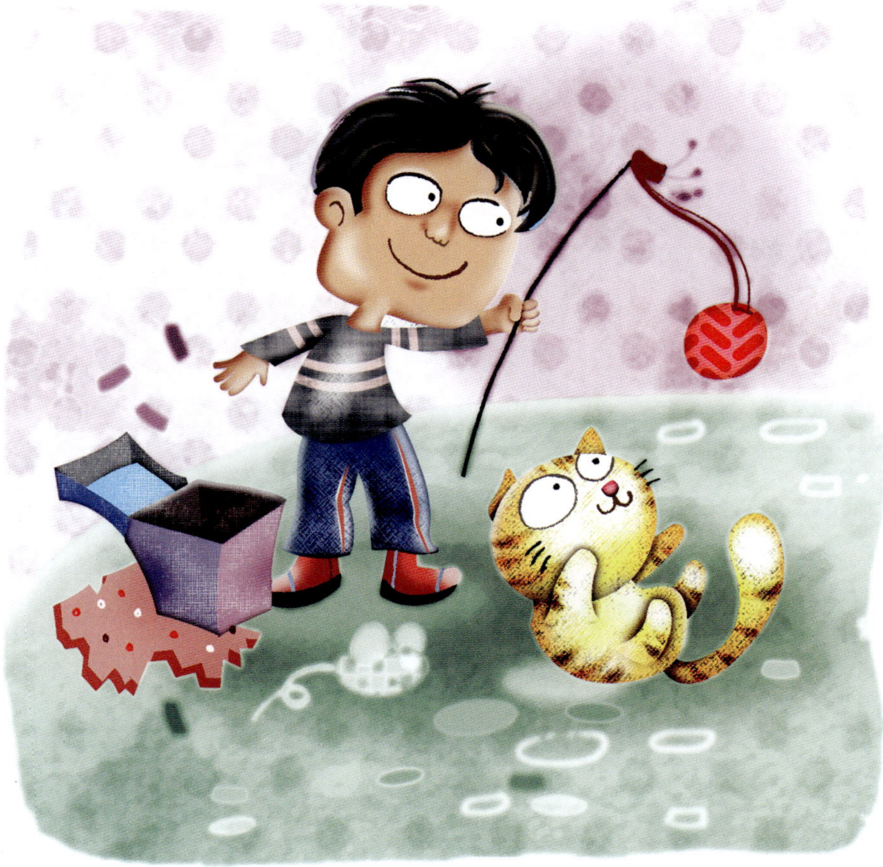

¿Quién le da un regalo?

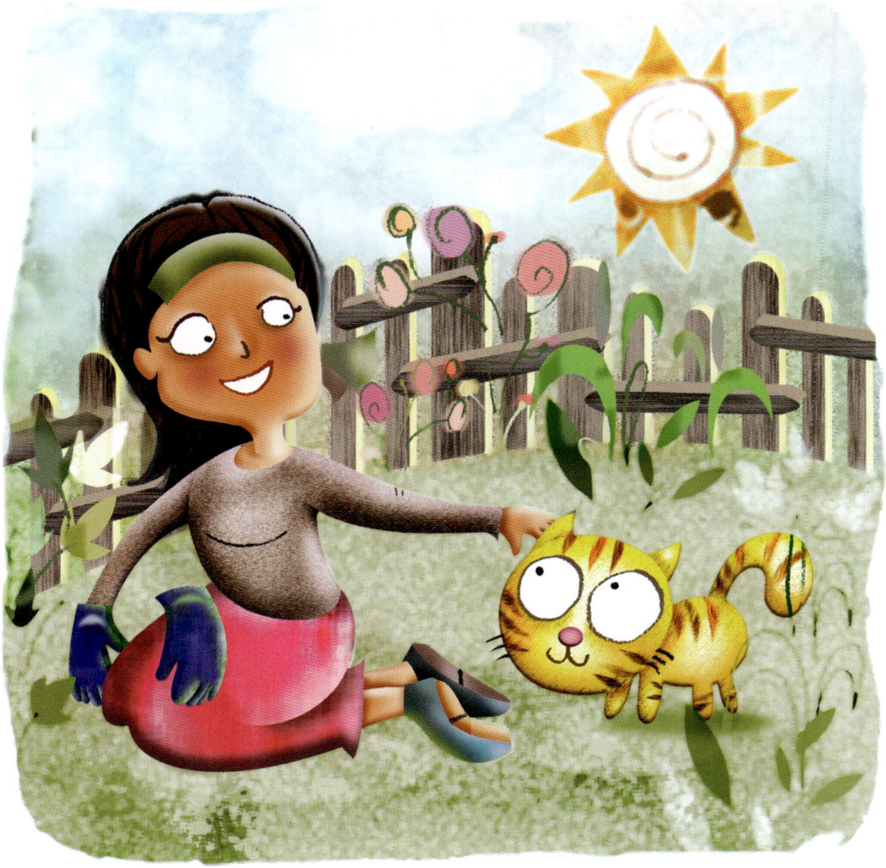

¿Quién le da mimos?

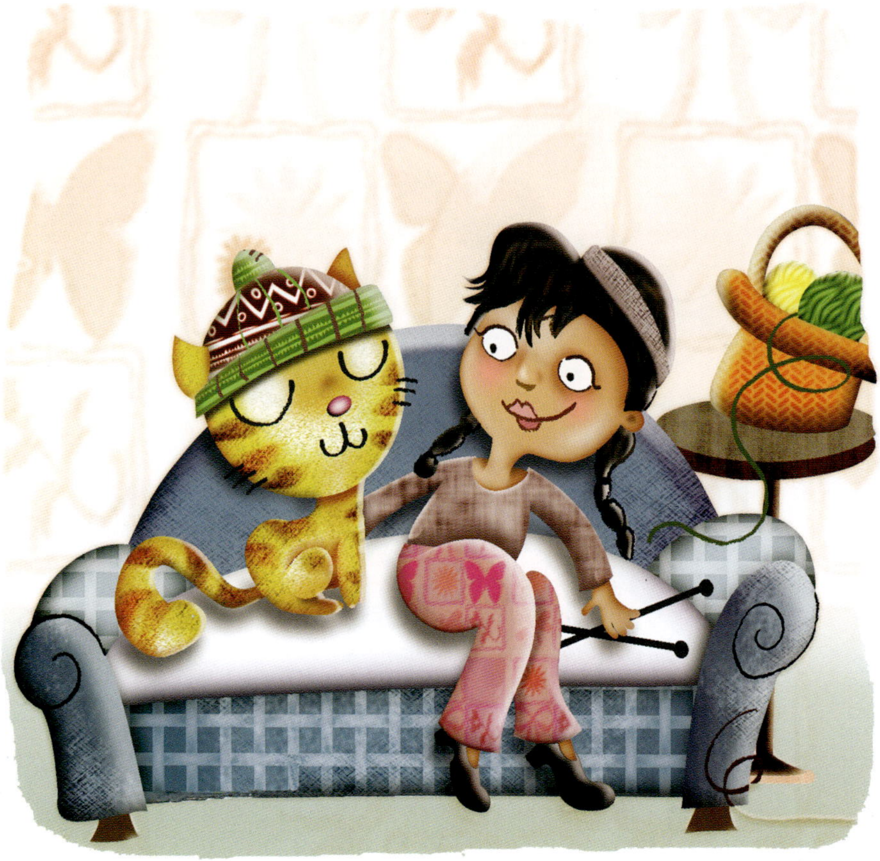

¿Quién le da un gorro?

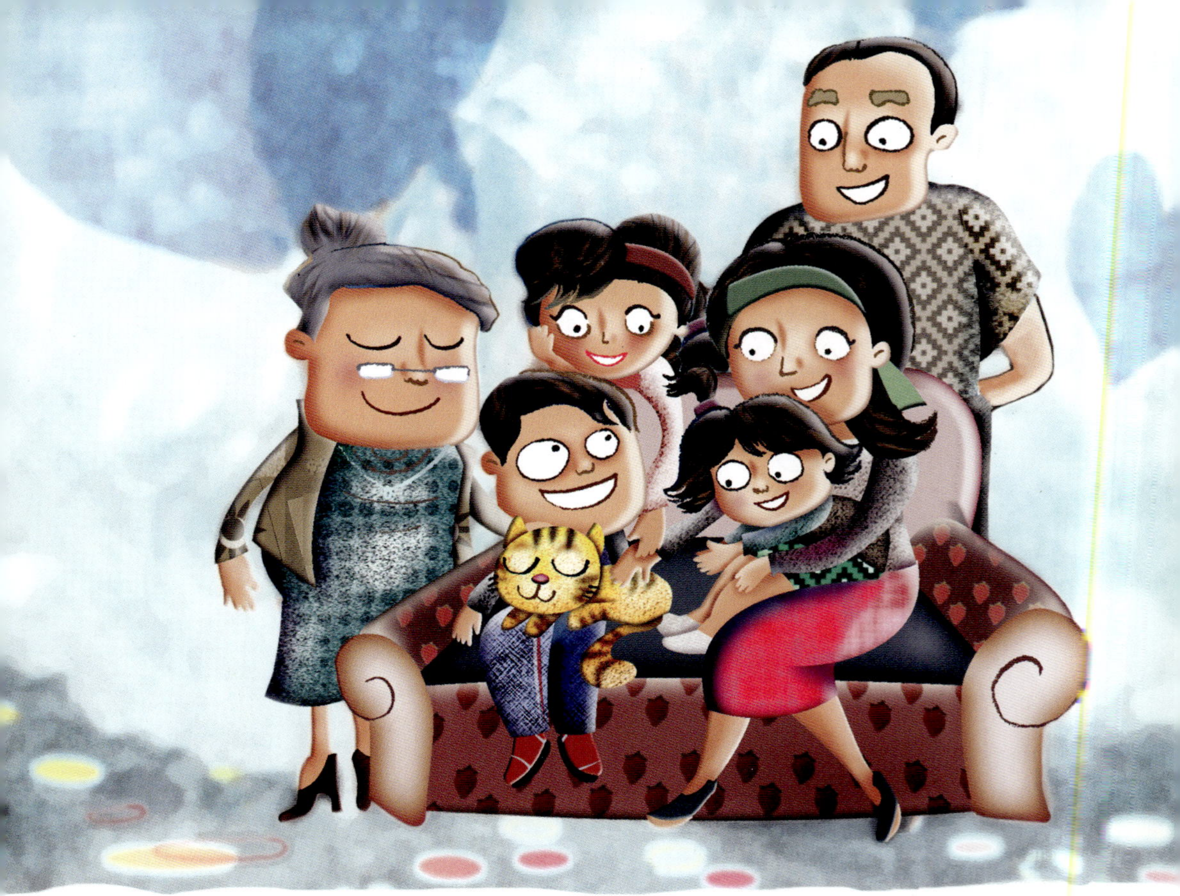

¡Todos lo aman!